MONEY BOX

돈은 어떻게 쓸까요?

벤 허버드 글
베아트리스 카스트로 그림
이승숙 옮김

돈은 어떻게 쓸까요?

초판 1쇄 2021년 11월 29일
초판 2쇄 2025년 10월 22일
글쓴이 벤 허버드
그린이 베아트리스 카스트로
옮긴이 이승숙

펴낸이 조영진
펴낸곳 고래가숨쉬는도서관
출판등록 제2024-000082호
주소 서울시 서대문구 연희로41다길 13 바우하우스 2층
전화 02-6081-9680
팩스 0505-115-2680
블로그 https://blog.naver.com/goraebook

글 ⓒ 벤 허버드 2019 | 그림 ⓒ 베아트리스 카스트로 2019
* 값은 뒤표지에 적혀 있습니다.
* 잘못 만든 책은 구입하신 서점에서 바꾸어 드립니다.
* 책의 내용과 그림은 저자나 출판사의 서면 동의 없이 마음대로 쓸 수 없습니다.

ISBN 979-11-89239-71-8 74320
　　　979-11-87427-53-4 74320(세트)

MONEY BOX: SPENDING MONEY
Text by Ben Hubbard
Illustrations by Beatriz Castro

First published in Great Britain in 2019 by The Watts Publishing Group
Copyright ⓒ The Watts Publishing Group 2019
Korean edition copyright ⓒ Goraebook Library 2021.
All rights reserved.
This Korean edition published by arrangement with The Watts Publishing Group Limited, on behalf of its publishing imprint Franklin Watts, a division of Hachette Children's Group, through Shinwon Agency Co., Seoul.

글쓴이 벤 허버드
뉴질랜드 웰링턴에서 밴드, 배우, 예술가들과 인터뷰를 하고, 신문 기사를 썼어요. 그 후 영국에서 작가가 되어 우주, 팝 뮤직, 반려동물, 토네이도와 럭비 기술에 이르기까지 다양한 주제의 글을 쓰고 있어요. 『디지털 시민 학교』 시리즈 등을 썼어요.

그린이 베아트리스 카스트로
스페인 라리오하에서 태어나 어렸을 때부터 늘 그림을 그리고 글을 써 왔어요. 예술 대학을 졸업한 후에, 전문 일러스트레이터로 일을 시작했어요. 그림을 그린 책으로는 『세계 시장, 어디까지 가 봤니?』 등이 있어요.

옮긴이 이승숙
오랫동안 외국의 좋은 어린이 책을 찾아 우리말로 옮기고 소개하는 일을 하고 있어요. 또한 어린이들이 재미있게 읽을 수 있는 책을 쓰기도 합니다. 옮긴 책으로 『어둠 속 어딘가』, 『아기가 어떻게 만들어지는지에 대한 놀랍고도 진실한 이야기』 등이 있어요.

품명: 도서 | 전화번호: 02-6081-9680 | 제조년월: 2025년 10월
제조국명: 대한민국 | 제조자명: 고래가숨쉬는도서관 | 주소: 서울시 서대문구 연희로41다길 13 바우하우스 2층 | 사용 연령: 8세 이상
* KC마크는 이 제품이 공통안전기준에 적합하였음을 의미합니다.

MONEY BOX

돈은 어떻게 쓸까요?

이 책에서는 돈에 관한 많은 사실을 알려 주고 있어요. 돈이 왜 중요할까요? 돈은 먹을 수도 마실 수도 없는데 말이죠. 우리들 대부분은 살기 위해 돈이 필요해요. 옷, 전기, 음식과 물 같은 거의 모든 것들을 돈으로 사야 하거든요. 돈이 없는 세상은 상상할 수가 없어요.

어떤 사람들은 돈이 세상을 돌아가게 만든다고 해요.

돈이 있을 때, 우리는 선택을 해야 해요.
우리는 돈으로 무엇을 할 수 있을까요? 다음과 같은 것들을 할 수 있어요.

저축을 할 수 있어요.

물건을 살 수 있어요.

기부를 할 수 있어요.

또는 더 많은 돈을 벌 수 있어요!

에바는 돈을 어떻게 쓰는지 궁금해요.
에바가 무엇을 사는지 보기 위해 이 책을 계속 읽어 보아요!

할아버지가 돌아가신 뒤에, 에바는 유산으로 돈을 조금 상속받았어요. 에바의 부모님은 돈의 대부분을 예금 계좌에 넣어 놓았어요. 두 분은 에바가 쓸 수 있는 돈도 약간 주어요.

에바와 엄마는 가게에 가요. 많은 물건이 할인 판매되고 있어요. 그 말은 평소보다 물건을 더 싸게 팔고 있다는 말이에요. 에바 머리가 빙빙 돌 정도로 고를 수 있는 물건이 정말 많아요.

반짝반짝 빛나는 운동화가 엄청 할인 중이에요. 에바는 근사한 운동화가 정말 마음에 들어요. 하지만 에바에겐 좋아하는 운동화가 벌써 한 켤레 있어요.

한 온라인 상점에는 에바가 가게에서 보았던 것과 똑같은 운동화가 있어요. 온라인에서는 운동화가 훨씬 더 싸요.

엄마, 좀 보세요. 여기 운동화가 더 싸요. 가게에서 그걸 안 사서 다행이에요.

여기저기 둘러봐야 좋은 가격에 살 수 있어.

에바는 정말로 온라인에서 그 운동화를 사고 싶어요. 정말 많이 할인해 주거든요. 에바는 아빠에게 어떻게 하면 좋을지 의논해요.

봐, 배송료가 매우 많이 들어. 그럼 운동화 가격이 더 비싸지게 돼.

하지만 가게에서 파는 거랑 가격이 같은데요!

온라인 상점이 보이는 것처럼 물건 값이 싸지 않을 때가 있어요. 확인할 때마다 가격이 달라지기도 해요. 또는 웹사이트가 가짜 물건을 팔 때도 있고요. 주의를 기울여야 손해를 보지 않아요.

에바는 어떻게 해야 할지 몰라요. 많이 할인해 주는 것 같지만, 잘 따져 보면 생각한 것만큼 할인이 크지 않아요. 그래도 온라인 상점 운동화를 사야 할까요? 에바는 어떻게 할지 오빠에게 물어보아요.

학교에서, 에바는 친구들에게 '필요한 물건'과 '원하는 물건'을 적은 목록을 보여 줘요. 그런데 에바의 목록에 찬성하지 않는 친구가 있어요. 전쟁이 벌어지고 있는 나라에서 온 이민자 친구예요. 그 친구는 에바가 이미 가지고 있는 물건들 말고 정말로 '필요한' 건 없다고 말해요.

에바는 친구들과 이야기를 나눈 뒤에, '필요한 물건' 목록을 던져 버려요. 에바와 친구들은 함께 '필요한 물건' 목록을 새로 작성해요.

모두에게 필요한 것이 뭐가 있을까?

충분한 음식.

집.

보살펴 줄 사람들.

집에 가는 길에, 에바는 오빠에게 그들이 얼마나 운이 좋은지 말해요. 부모님이 에바와 오빠에게 필요한 것을 다 주어요. 그래서 그들은 돈 걱정을 하지 않아도 되고요.

에바는 여전히 무얼 사야 할지 몰라요. 에바가 '원하는 물건' 목록에 적어 놓은 것들이 이제는 썩 중요하지 않은 것 같아요.

그 주 주말에, 부모님이 에바를 미술 용품 할인 판매점에 데려다줘요. 에바는 멋진 색연필, 물감과 종이를 보고 깜짝 놀라요. 에바가 원했던 게 바로 이거였어요!

여기 멋진 스케치용 연필과 도화지 좀 봐요!

에바는 연필과 종이를 고른 뒤에, 돈을 세서 가게 주인에게 줘요. 드디어 에바가 자기 돈을 썼어요!

우리 동네 가게를 돕는 건 좋은 일이죠.

고맙습니다. 요즘에 사람들은 가게에서 물건을 안 사고 온라인으로 쇼핑을 해요.

마침내 에바는 자신에게 쓸모 있는 물건을 샀어요. 그 물건들은 앞으로 에바의 미래에 도움이 될 거예요.

에바는 몇 주 동안 그림을 그리며 바쁘게 지내요. 아직 쓸 돈이 조금 남아 있다는 것조차 잊어버렸어요. 그러던 어느 날……

돈을 어디에 쓸까요?
에바는 생각해 보았어요.

심지어 돈이 조금 남아서 강아지에게도 간식을 사 줄 수 있었어요.

웡!

퀴즈

마지막으로 책에서 배운 내용을 정리해 보아요. 돈을 쓰는 것에 대해 얼마나 많이 배웠는지 생각해 볼까요? 다음 문제를 풀면서 알아보아요.

1 할인 상품이란 무엇일까요?
- a. 정상 가격보다 더 싼 물건
- b. 정상 가격보다 더 비싼 물건
- c. 유통 기한이 지난 물건

2 사람들은 종종 어디에서 물건을 사나요?
- a. 골라인
- b. 인라인
- c. 온라인

3 사람들이 살아남는 데 꼭 필요하지 않은 것은 무엇일까요?
- a. 물
- b. 음식
- c. 운동화

4 사람들은 돈을 어디에 넣어 둘까요?
- a. 예금 계좌
- b. 현금 인출기
- c. 깡통 계좌

5 때때로 온라인 상점에 지불해야 하는 것은 무엇일까요?
- a. 원료와 가공비
- b. 검사료와 개발비
- c. 배송료와 포장비

정답
a, c, c, a, c

용어 설명

낭비
시간이나 돈 따위를 헛되이 헤프게 쓰는 일.

배송료
물건을 다른 곳에 보내기 위해 치르는 돈.

상속
사람이 죽은 후에 그 사람의 재산에 관한 권리와 의무를 다른 사람이 이어받는 일.

이민자
다른 나라에서 새로운 나라로 살기 위해 온 사람.

예금 계좌
은행이나 우체국 등에 저축한 돈에, 이자라고 하는 돈이 붙는 계좌.

할인 판매
일정한 값에서 얼마의 돈을 빼서 물건을 파는 일.

현금 인출기
통장에 저축한 돈을 현금으로 꺼낼 수 있도록 한 기계. ATM이라고 부르기도 해요.

돈에 대한 사실들

돈에 대해서는 알아야 할 것들이 많아요.
아래 사실들을 살펴보아요!

- 대부분의 사람들은 돈을 벌기 위해 평생 75,000시간 이상 일을 하면서 보내요.

- 우리는 카드로 은행의 현금 자동 입출금기에서 돈을 찾을 수 있어요. 최초의 현금 자동 입출금기는 1967년에 런던에서 등장했어요.

- 많은 나라에서 지폐를 훼손하는 것을 법으로 막고 있어요. 돈에 그림을 그리거나 글씨를 써서 손상을 입히면 안 돼요.

- 회사는 사람들에게 주식을 팔아서 돈을 모아요. 그건 사람들이 회사의 이익에서 자기 몫을 받을 수 있다는 걸 의미해요.

- 18세기에 미국 원주민들은 줄에 꿴 조가비 구슬을 돈으로 사용했어요.